Inhalt

Spekulationssteuer / Abgeltungssteuer

Kernthesen

Beitrag

Fallbeispiele

Weiterführende Literatur

Impressum

Spekulationssteuer / Abgeltungssteuer

A. Kaindl

Kernthesen

- Laut einem Urteil des Bundesverfassungsgerichts im März 2003 verstieß die Besteuerung von Spekulationsgewinnen aus Aktiengeschäften in den Jahren 1997 und 1998 gegen die Verfassung.
- Der Gesetzgeber sollte so schnell wie möglich eine grundlegende Neuordnung der Besteuerung von privaten Kapitalanlagen auf den Weg bringen. Die Wirtschaft hat mit dem Konzept einer moderaten Abgeltungssteuer bereits eine Lösung präsentiert.
- Das Konzept zur Neuordnung der

Besteuerung privater Kapitalanlagen muss eine Regelung enthalten, die dem Kapitalanleger einen Weg zurück in die Steuerehrlichkeit ermöglicht. Mit dem Gesetz zur Förderung der Steuerehrlichkeit wurde bereits ein erster Schritt unternommen.

Beitrag

Urteil des Bundesverfassungsgerichts zur Spekulationssteuer

Das Bundesverfassungsgericht hat im März 2004 entschieden, dass die Besteuerung von so genannten Spekulationsgewinnen aus Aktiengeschäften in den Veranlagungsjahren 1997 und 1998 gegen die Verfassung verstieß. Private Veräußerungsgewinne sind nach dem Einkommensteuergesetz abgabenpflichtig, wenn bei Wertpapieren zwischen Kauf und Verkauf nicht mehr als ein Jahr liegen. Bei der Entscheidung des Bundesverfassungsgerichts ging es um die Frage, ob die mangelnden Kontrollen bei der Versteuerung der Aktiengewinne eine verfassungswidrige Ungleichbehandlung der

Steuerpflichtigen darstellt. Begründet hat das höchste Gericht sein Urteil mit dem Argument, dass die Spekulationssteuer die ehrlichen Steuerzahler benachteiligt habe. Die Finanzämter waren in den entsprechenden Jahren auf korrekte Angaben der Steuerpflichtigen angewiesen und hatten praktisch keine Chance, die Richtigkeit und Vollständigkeit zu prüfen. Anders als bei den Entscheidungen in der Vergangenheit etwa zur Vermögenssteuer- haben die Richter dem Gesetzgeber diesmal keine Auflagen erteilt, die Verfassungswidrigkeit abzustellen. Das Ergebnis lautet schlicht, die Steuer muss für die Jahre 1997 und 1998 zurückgezahlt werden. Die Verfassungsrichter führten aus, dass an der zur Prüfung gestellten Steuernorm selbst nichts zu beanstanden sei. Die mangelhafte Durchsetzung verstoße jedoch gegen das verfassungsrechtliche Gebot tatsächlich gleicher Steuerbelastung durch gleichen Gesetzesvollzug. (1), (2), (9)

Ausdrücklich hat das Gericht festgestellt, dass die Entscheidung für 1997 und 1998 nicht auf die folgenden Jahre zu übertragen ist. Die Gesetzeslage für die Veranlagungsperioden ab 1999 hat sich deutlich gewandelt. Das Steuerentlastungsgesetz 1999/2000/2001 ermöglicht den Ausgleich von Spekulationsgewinnen durch entsprechende Spekulationsverluste. Außerdem habe die negative Kursentwicklung an den Kapitalmärkten beginnend mit dem Frühjahr 2000 dazu geführt, dass selbst bei Fortbestehen des Vollzugsdefizits bei der Steuererhebung sich dieses nicht mehr in verfassungswidriger Weise ausgewirkt habe. An der Grundsituation einer unbefriedigend geregelten Besteuerung von Kapitalerträgen und privaten Veräußerungsgewinnen, die auf Unmut sowohl bei den ehrlichen als auch unehrlichen Steuerpflichtigen stößt, ändert das Urteil nichts. (2), (11)

Modell einer Abgeltungssteuer

Der Gesetzgeber sollte die aktuelle Entscheidung des Verfassungsgerichts zum Anlass nehmen, so schnell wie möglich eine grundlegende Neuordnung der Besteuerung von privaten Kapitalanlagen auf den Weg zu bringen. Dabei sollte die Diskussion nicht ausschließlich auf das Urteil des Bundesverfassungsgerichts verengt werden. Denn das Problem der derzeitigen Besteuerung von privaten Kapitalanlagen ist nicht lediglich eine Frage hinreichender Verifikation, sondern vor allem der Akzeptanz der Besteuerung durch die Bürger. (1)

Akzeptanz kann aber nicht durch neue bürokratische Kontrollsysteme erreicht werden. Ein Mehr an Kontrollen führt erfahrungsgemäß nicht zu einem

Mehr an Steuerehrlichkeit. Die Lösung kann daher nur ein Steuerrecht sein, dass von inländischen und ausländischen Kapitalanlegern akzeptiert wird und im internationalen Wettbewerb bestehen kann. Die deutsche Kreditwirtschaft und die übrige Wirtschaft fordern bereits seit längerem ein steuerpolitisches Gesamtkonzept, dass im Rahmen einer moderaten Abgeltungssteuer neben Zinsen und Dividenden auch private Wertpapierveräußerungsgeschäfte mit einbezieht. Durch eine solche Steuer wäre die Steuerschuld abgegolten, unabhängig vom persönlichen Einkommensteuersatz. Zudem erfüllt ein solches Konzept das verfassungsrechtlich vorgegebene Verifikationsgebot bei der Einkommensbesteuerung, so dass sich neue, alle Beteiligte belastende Kontrollmaßnahmen, erübrigen. Eine solche Abgeltungssteuer findet Unterstützung in Wissenschaft und Politik und wird inzwischen in neun EU-Mitgliedsstaaten erfolgreich praktiziert. (1), (11)

Die Akzeptanz einer solchen Neuordnung wird unter anderem von der Höhe des Steuersatzes abhängen. Vor dem Hintergrund der Bedeutung der privaten Kapitalanlage für die Altersvorsorge sowie der Verhältnisse in anderen Mitgliedsstaaten der EU muss der Abgeltungssteuersatz moderat sein. Schließlich bedarf eine solche Besteuerung einer Regelung, die dem Kapitalanleger den Weg zurück in die Steuerehrlichkeit ebnet, unabhängig davon ob dieser bisher seine Erträge nicht oder nicht vollständig deklariert hat. (1)

Gesetz zur Förderung der Steuerehrlichkeit

Mit dem Ende 2003 verabschiedeten Gesetz zur Förderung der Steuerehrlichkeit wurde ein erster Schritt für eine solche Neuordnung vollzogen. Seit dem 1. Januar 2004 ist das Gesetz über die strafbefreiende Erklärung (StraBEG) in Kraft. Es bietet Steuersündern die Möglichkeit in die Steuerehrlichkeit zurückzukehren. Wer nach dem StraBEG Steuerstraftaten oder Steuerordnungswidrigkeiten der Jahre 1993 bis 2002 erklärt und eine pauschale Steuer entrichtet, kann Straffreiheit für Steuerhinterziehungen bzw. Bußgeldfreiheit für Steuerordnungswidrigkeiten für diese Kalenderjahre erreichen. Bei Erklärung und Zahlung in 2004 sind 25 Prozent, bei Erklärung und Zahlung im ersten Quartal 2005 sind 35 Prozent Pauschalsteuer zu entrichten. Bei Abgabe einer strafbefreienden Erklärung tritt für alle vor dem 1. Januar 1993 begangenen Steuerstraftaten Straffreiheit ein und die Steuer ist ohne Nachzahlung auch für diese Jahre abgegolten. Die Amnestie erfasst nicht nur Kapitalerträge, sondern praktisch jede Art von Schwarzgeld. Sie gilt für folgende Steuerarten: Einkommen-, Körperschaft-, Gewerbe-, Umsatz-, Vermögen- sowie Erbschaft- und Schenkungsteuer. Selbst der Solidaritätszuschlag und die Kirchensteuer sind abgegolten, in vielen Fällen auch die Lohn- und Kapitalertragsteuer. Hinterziehungszinsen oder Verspätungszuschläge fallen nicht an. (7), (8)

Die Steueramnestie wird flankiert durch zukünftig verschärfte Fahndungsmöglichkeiten der Finanzbehörden. Seit einer Gesetzesänderung im Dezember 2003 müssen Geldinstitute ihren Kunden eine -Jahresbescheinigung über Kapitalerträge und Veräußerungsgewinne aus Finanzanlagen- ausstellen. Im April 2005 tritt noch eine weitere Kontrollmöglichkeit hinzu. Durch eine Änderung der Abgabenordnung dürfen die für die Kontenevidenzzentrale der Bundesanstalt für Finanzdienstleistungsaufsicht vorgehaltenen Daten auch für steuerliche Zwecke verwendet werden. Durch eine automatisierte Abfrage wird das Finanzamt vor Ort die Kundenstammdaten sämtlicher inländischen Konto- und Depotverbindungen von Steuerpflichtigen ermitteln können. Dies soll allerdings nur in begründeten Fällen geschehen. Ferner hat die Bundesregierung im Dezember 2003 die EU-Zinsrichtlinie umgesetzt. Demnach wird Deutschland vielleicht schon ab 2005 am automatisierten Informationsaustausch teilnehmen und die Daten von privaten Steuerausländern an deren Heimatstaaten melden. Umgekehrt werden die meisten Mitgliedsstaaten der EU Daten über deutsche Anleger an den deutschen Fiskus melden. Lediglich Belgien, Luxemburg und Österreich nehmen während einer Übergansphase nicht am Informationsaustausch teil. Stattdessen behalten sie eine Quellensteuer von 15 Prozent (ab 2008: 20 Prozent, ab 2011: 35 Prozent) ein, die zu drei Vierteln anonymisiert an den Wohnsitzstaat des Zinsempfängers weitergeleitet wird. (6), (7), (8)

Offene Punkte

Die Bundesregierung indessen scheint keine Eile zu haben, eine Neuordnung der Besteuerung von privaten Kapitalanlagen zu verabschieden. Darauf deutet die verhaltene Reaktion auf das Urteil des Bundesverfassungsgerichtes in Sachen Spekulationssteuer wie auch die Ankündigung des Bundesfinanzministers hin, erst bei der Opposition zu sondieren, welche Chancen eine Novelle der Kapitalertragsbesteuerung im Bundesrat überhaupt habe. Dabei ist eine Neuordnung längst überfällig. Der Finanzplatz Deutschland leidet unter der anhaltenden Unsicherheit. Wirtschaft und

Wissenschaft haben mit dem Modell einer moderaten Abgeltungssteuer bereits eine Lösung präsentiert, die Akzeptanz schafft und kaum Kontrollaufwand erfordert. Die Bundesregierung täte im Übrigen auch gut daran, zügig Rechtssicherheit zu bieten, wenn ihr Gesetz zur Förderung der Steuerehrlichkeit kein Flop werden soll. (2)

Die Opposition konnte bisher keine Einigung bei dem Thema Besteuerung von privaten Kapitalanlagen erzielen. Die CDU ist für eine Quellensteuer und gegen eine Abgeltungssteuer, da sie diese für sozial unausgewogen hält. Zinserträge sollen weiterhin an der Quelle besteuert und der gezahlte Abschlag dann im Rahmen der Einkommensteuer mit der individuellen Steuerschuld verrechnet werden. Die CSU plädiert für eine pauschale Steuer von 25 Prozent auf Zinsen. Damit wäre die Steuerpflicht unabhängig vom persönlichen Einkommensteuersatz abgegolten. Die Debatte der Union hat Folgen für die Politik der Bundesregierung, deren geplante einheitliche Steuer auf Zinsen, Dividenden und Veräußerungsgewinne ist im unionsdominierten Bundesrat nicht durchsetzbar. (4), (5)

Das Bundesfinanzministerium muss fürchten, dass die zum Jahresbeginn in Kraft getretene Amnestie für Steuersünder, die ihr Kapital im Ausland vor dem Fiskus versteckt haben, ins Leere laufen wird. So lange der Fiskus vom zurückgeholten und nachversteuertem Vermögen in den Folgejahren bis zu 45 Prozent kassiert, findet die Amnestie nur wenig Resonanz. Nicht nur die unattraktive zukünftige Besteuerung einmal gemeldeter Vermögen ist Ursache für die schwache Resonanz, sondern auch die anhaltende Unsicherheit über die künftige Steuergesetzgebung. Ursprünglich hatte das Finanzministerium die Begleitung der Amnestie durch eine pauschale Abgeltungssteuer für alle Kapitalerträge zu international attraktiven Prozentsätzen versprochen. Dieses Projekt ist jedoch in der Schublade verschwunden. Nichts deutet darauf hin, dass es in absehbarer Zeit wieder hervorgeholt werden könnte. (10)

Fallbeispiele

Steueranwalt Klaus Olbing von der Kanzlei Streck Mack Schwedhelm sieht das Urteil als Aufforderung an den Gesetzgeber zu einer Reform. Die Begründung des Gerichts, dass das Urteil nur für die Jahre 1997 und 1998 gelten soll, hält er für fadenscheinig. Nach seiner Einschätzung ist das Kontrolldefizit bei der Besteuerung von Spekulationsgewinnen trotz der

Gesetzesänderungen ab 1999 nicht kleiner geworden. Auch das Argument der Richter, die seit Frühjahr 2000 gefallenen Aktienkurse hätten dazu geführt, dass sich die Kontrolldefizite möglicherweise nicht mehr in verfassungsrechtlich relevanter Weise ausgewirkt hätten, hält Olbig für äußerst schwach. (3)

Aktionärsschützer und Fondsindustrie sehen das Urteil als Argument, die Spekulationssteuer ganz abzuschaffen. Der Chef des Deutschen Aktieninstituts (DAI) führt an, dass die Einnahmen in keinem Verhältnis zum bürokratischen Aufwand stünden. Nach einer Schätzung des DAI für das Bundesverfassungsgericht betrug das Aufkommen der Steuer für die Jahre 1995 bis 2002 lediglich 150 Millionen Euro. (3)

Bei Abgabe einer strafbefreienden Erklärung werden auch andere an der Tat beteiligte Personen straffrei, wie z.B. der Mitarbeiter, der schwarz Überstundenzuschläge erhalten hat, wenn der Arbeitgeber die Pauschalsteuer für die hinterzogene Lohnsteuer entrichtet. (7)

Besonders interessant ist die strafbefreiende Erklärung bei Schenkungen, weil die Erbschaft- und Schenkungssteuer häufig noch nach Jahrzehnten eingetrieben werden kann. Übertrug z.B. der Vater im

Jahr 1990 neben einigen Häusern seiner Tochter auch ein Aktiendepot, und wurden damit die geltenden Freibeträge überschritten, dann verjährt der Schenkungsteuer-Anspruch frühestens vier Jahre nachdem der Schenker verstorben ist oder das Finanzamt von der Schenkung erfahren hat. (8)

In einer strafbefreienden Erklärung werden für die Einkommen- und Körperschaftsteuer 60 Prozent der verkürzten Einnahmen herangezogen und mit der 25%igen Abgabe belastet. Wurden also von einem Privatanleger zwischen 1993 und 2002 Zinseinnahmen in Höhe von 100 000 EUR verschwiegen, sind 60 000 EUR als Einnahmen anzusetzen. Auf diese Einnahmen ist der Abgabesatz von 25 Prozent (ab 1.1.2005 35 Prozent) anzuwenden, so dass 15 000 EUR für die Straffreiheit und die Abgeltung sämtlicher daraus entstandenen Steueransprüche zu zahlen sind ein attraktives Verfahren. Vor allem, wenn der Sparerfreibetrag aufgebraucht war. Denn im Falle einer Selbstanzeige oder Aufdeckung würden die Steuerveranlagung der letzten zehn Jahre abgeändert und die Zinsen dem Grenzsteuersatz unterliegen. Zusätzlich wären Hinterziehungszinsen (6 Prozent p.a.) zu bezahlen. Im Falle der Aufdeckung oder missglückten Selbstanzeige kämen Geldstrafe oder Freiheitsstrafe noch hinzu. (8)

Die am 1.1.2004 in Kraft getretene Amnestie für

deutsche Steuersünder zeichnet sich als Misserfolg ab. Zwar ist es für ein fundiertes Urteil zu früh, weil Steuervergehen aus der Vergangenheit noch bis März 2005 gemeldet werden können. Eine erste Hochrechnung des Finanzministeriums, die auf den bisher eingegangenen Meldungen der Finanzämter basiert, lässt jedoch auf einen bescheidenen Zuspruch der Bürger schließen. Gemäß der Hochrechnung werden dem Fiskus aus der Amnestie zusätzliche Einnahmen von insgesamt lediglich 1 Milliarde EUR zufließen. Das wäre ein Bruchteil der 5 Milliarden EUR, die das Finanzministerium budgetiert hatte. (10)

Weiterführende Literatur

(1) "Koalition der Vernunft" für eine Abgeltungssteuer
aus Börsen-Zeitung, 10.03.2004, Nummer 48, Seite 7

(2) Eine Abgeltungssteuer tut Not
aus Börsen-Zeitung, 10.03.2004, Nummer 48, Seite 1

(3) Karlsruher Steuer-Urteil erhöht Reformdruck
Rechtsanwälte und Finanzbranche fordern Einführung einer Abgeltungssteuer · Kritik an Begründung der Verfassungsrichter
aus Financial Times Deutschland vom 10.03.2004, Seite 11

(4) Abgeltungssteuer auf Kapitalerträge vor dem Aus

aus Financial Times Deutschland vom 09.03.2004, Seite 12

(5) Union verwässert Reformpläne Merkel und Stoiber ausgebremst · Arbeitsmarktmodell verabschiedet · Abgeltungssteuer vor dem Aus
aus Financial Times Deutschland vom 09.03.2004, Seite 1

(6) Neue Klagen gegen Spekulationssteuer
aus Frankfurter Allgemeine Zeitung, 11.03.2004, Nr. 60, S. 17

(7) Preiswerter Weg zur Steuerehrlichkeit
aus Consultant Steuern - Wirtschaft - Finanzen, Heft 03/2004, S. 24

(8) Gesetz zur Förderung der Steuerehrlichkeit: Was Anleger beachten sollten
aus Die Bank, Heft 02/2004, S. 114-117

(9) Verfassungsgericht verwirft alte Spekulationssteuer
aus Frankfurter Allgemeine Zeitung, 10.03.2004, Nr. 59, S. 13

(10) Deutsche Steueramnestie mit wenig Resonanz Fehlende Abgeltungssteuer stimmt die Bürger skeptisch
aus Neue Zürcher Zeitung, 20.03.2004, Nr. 67, S. 23

(11) ZKA fordert schlüssiges Gesamtkonzept zur grundlegenden Neuordnung der Besteuerung privater

Kapitalanlagen Bundesverfassungsgericht kippt frühere Spekulationssteuer
aus Die SparkassenZeitung, 12.03.2004, Nr. 11, S. 5

Impressum

Spekulationssteuer / Abgeltungssteuer

Bibliografische Information der deutschen Nationalbibliothek

Die Deutsche Nationalbibliothek verzeichnet diese Publikation in der deutschen Nationalbibliografie; detaillierte bibliografische Daten sind im Internet über http://dnb.d-nb.de abrufbar.

ISBN: 978-3-7379-1314-0

© 2015 GBI-Genios Deutsche Wirtschaftsdatenbank GmbH, Freischützstraße 96, 81927 München, www.genios.de

Alle Rechte vorbehalten. Dieses Werk ist einschließlich aller seiner Teile – z.B. Texte, Tabellen und Grafiken - urheberrechtlich geschützt. Jede Verwertung außerhalb der Grenzen des Urheberrechtsgesetzes bedarf der vorherigen Zustimmung des Verlags. Dies gilt insbesondere auch für auszugsweise Nachdrucke, fotomechanische Vervielfältigungen (Fotokopie/Mikroskopie), Übersetzungen, Auswertungen durch Datenbanken oder ähnliche Einrichtungen und die Einspeicherung und Verarbeitung in elektronischen Systemen.